MEMOIRS O' AL ⸱ ⹁ⱱ𝘒

Donnie McDonald

As can be seen from the cover illustration and the depiction of Connelly's bar above, ah canny draw. So I've tried to paint it in words. Norman McCaig spoke of "2 fag poems", and these are kinda like that although I don't smoke. They just come flyin' oot ma heid when I start thinking back to my childhood.

Or tae pit it another wey……….

Fae the Bowling basin,

Direct yir gaze up tae

The tree-clad ridge

O' the hills whaur

Up ower ayont lies

The Saughen Braes,

An' various ither

Bogs an' mosses

That feed the burns

By which the wattir runs

Doon by the Lusset Glen,

Or through Duntocher

Tae Dalmuir, nearby

Tae Clydebank toon,

Whaur cranes and gantries

Wance stood starkly silhouetted

Against the cauld,

Darkenin' November sky.

An' them things

Ah've just said

Is the reservoir

Whaur fae these words run,

Flowin' fae memories

O' the tenements
An' cobbled streets,
An' yir Maw'n Da's
Struggles tae make
Ends meet.

An' yir memories o'
Yir Gran renderin'
Scotland the Brave,
An' yir Uncle George
Gie'in' it the honky tonk
On the piana a' these
Hogmanays,
Wi' ginger wine
For us weans,
An' the ships
Doon by the river
Blastin' their hooters
At the stroke o' midnight.

An' the wee tot glasses

Wi' horses' heids

Adornin' them

That yir Da' used fur

Pourin' oot wee nips

O' the good stuff

Tae toast the bells.

CLYDEBANK, 1962

All through winter nights
Great hammers clamour,
Welders' torches flicker blue
From low clouds in the sky.
From the shipyard gates
When the whistle blasts
There pours a tide
Of drouthy, weary men.
And then the launch:
May God bless her,
The might hull baptised
Wi' clattering shattered glass
And fizzing, fucking wasted wine.

The Heidie herds
The whole school
Through the drizzle.
Japing, jostling we scutter,
Until he marshals us
Along by the gutter
In a raggedy, ragbag line.
We wait, shuffling, snuffling, scuffling,
But treacly, o how treacly drips
The creeping tortoise, time.
A few clutch union jacks,
Craning their necks,
O where is the black limousine?
Gasps: now comes the convoy.
At last the drooping flags are waved.
With baffling speed they sweep on by,
And all I glimpse is a white glove, raised.

THE SHOWS

We paid wir tuppence

An' we chucked the ping-pong ba's

Across the wee glass bowls.

They bounced like buggery,

Disappearin' in ahent the counter

O' the show wummin's tent

In the auld black cinder sidings

O' Clydebank East.

Then wan ba' - wan ba'!

Totters its wey intae a bowl.

An' then a second yin!

Proudly we carried hame

Wir prizes in a poly poke.

Poor wee goldfish openin'

An' shuttin' thir gobs, baffled.

Dad went an' got a proper bowl,

Ants' eggs tae feed them on.

And he ordained that they

Be named Humphrey, and Percy.

MA TEETH

Let's drink a toast

Tae Cowan's Highland toffee,

Tobermory tatties,

Penny caramels,

An' cinnamon ba's.

Sweet heaven,

Sweet heaven,

The confectioners art.

Pure genius but noo

Ma bloody teeth

Are fai'n' apart.

TAKE ME DOWN TO THE SHOWS AGAIN

Dark November nights:

At Whitecrook Street,

On black gravel grun'

By the auld sidings

O' Clydebank East,

The caravan-dwelling people,

Purveyors o' magical mechanical

Waltzer, chairaplane, speedway,

Dive-bomber, big wheel rides

An' pay yir whack

Fur booncin' ping-pong

Ba's on glass bowls

Or fling the bigger ba's

At stacked tin cans,

Fire air rifles wi' skelly sights

At targets ye canny hit,

Chuck yir darts

At the Ace o' Hearts,

An' nae duntin'

That Penny Falls machine.

Mysterious people

Born oot the very earth,

George Borrow's

Hedgerows an' country lanes,

Or mibbe exotic

Far-flung eastern lands,

Chose their stance

And waited fur us,

Knowin' we'd come alang.

Excitement spread

Among us a' at school:

The shows were here.

How much've ye got?

Three an' six.

Ah've only got two bob.

Tae the fairground we thronged.

Humphrey and Percy

Oor Dad christened

The two goldfish

Me an' ma brothers won.

Ants' eggs we fed them on.

For a few months they swum

Roon' an' roon

Until we fun' them

Floatin' upside doon.

THE LUSSET GLEN

In childhood dreams

The Lusset Glen,

A rural idyll

Way back then.

Nae roarin' traffic

Ower yir heid,

An' biled egg pieces

On plain breid.

THE SKUIL

At Elgin St School

Ye learned yir numbers,

An' how tae spell

Words like Egypt

An' a' that.

Oor school dinners

Wir delivered in giant tins,

Mashed totties, liver,

Tapioca an' a' that.

Oor teachers

Tried tae help us

Learn oor times-tables,

An' a' that.

Tae write wi' a nib

An' use wir blottin' paper,

An' a' that.

An' then, every mornin',

Ah'm five year auld,

An' ah'm baffled

Wi' a' that stuff

Aboot "oor father

Which art in heaven",

Huvin' tae sing

"Jesus Loves Me",

"All Things Bright and Beautiful"

An' a' that.

A wee totie boy

Ah wis, but ah

Knew it wis a pile o' shite

Aboot burnin' bushes

An' a' that, so ah resisted

A' these determined efforts

At Christian indoctrination,

Is it too late tae sue

Dunbartonshire Coonty Cooncil

Fur a' that, Digby and Brown?

THE SALVATION ARMY BAND

Resplendent in their regalia,

Can ye mind the brassy trumpeting

Notes they wove the gither

Ootside Woolies?

Ding Dong Merrily On High

And Good King Wenceslas

An' a' that. It wis quite jolly

On a grim December darkenin'

Frosty efternin'.

The tuba man hud

A wee lowdown valve

For draining his slebbers.

They a' gie'd it laldy.

We stood in brown fog

That burnt our lungs,

Listening to the joyful

Strains of Christmas.

The damp cobbles

Glistened

In the sodium street lights.

We stood, frozen,

But rapt.

Suddenly the wee thrawn

Scary wummin launched hersel'

Towards us like a manic hen.

Thrustin' a bucket under wir noses.

But we'd spent every penny

We hud oan the Pick n' Mix.

We counted the Christmas trees

That shone like beacons of hope

Frae the tenement windaes

On the wey hame.

4 SOUTH DOUGLAS ST

Born into urban stour,
An' trams clatterin' by
On Glesca Road.
The coalmen humphin'
Hunnerweight sacks up stairs,
The ragman's bugle call to arms.
'twas a blue-rimmed white enamel po'
Ah learned upon, then graduated
Tae the ootside cludgie
In the back close.
Thus toilet trained,
And having learned to walk,
Ah could run aboot daft roon' the back,
Climbin' wa's
Ontae wash-hoose roofs,
Dreepin' doon the other side
Intae the pend
Whaur the bookie's tannoy blared
An' we flung chuckies up ontae
The tin roof tae enrage
The punters inside.

Then Saturday: Maw gets the biled egg
An' banana pieces the gither.
 Dad sports the canvas haversack
That hauds the grub,
The kettle an' the meths stove.
And so tae Clydebank Riverside,
The purchase o' day returns tae Balloch.
Ye hud tae cross the bridge
Tae the westbound platform.
Wan two, Da' goes, buckle ma shoe,
Three four, shut the door,
Five six, pick up sticks,
Seven eight, shut the gate,
Nine ten, a big fat hen!
(That wis just climbin' the stairs
 On tae the bridge). An' then,
The big mental chuffin' steam train
Wi' red carriages comes puffin'
Tae a stop. All aboard!
Almost always separate compartments,
But on the rare occasion a corridor
That linked a' the different compartments
Alang the carriages, an' it was brilliant
Gaun up an' doon an' lookin' in at folk.
An' the guard on the platform
Wi' his whistle an' green flag.
Whit a fucken brilliant job!

ASSORTED PROSE; THE WEE PARK ETC

The wee park was at the east side of Elgin St school, over the wall from the girls' playground. It had been a wee swing park but the equipment had got broken, mostly disappeared. The rusting tubular steel frames still stood though. At the south end next to the fruit warehouse, was a square structure that served as one set of goalposts, and at the north end an A-frame job for the other goalposts. Scoring direct from a corner was easier at the north end. The "centre circle" was occupied by the rusted stump for what had at one time been a roundabout or maypole. Playing fitba' in this arena was therefore a wee bit tricky, more so as the surface of cinders and broken glass ensured multiple lacerations if you took a fall. You needed a ba'. This could only be guaranteed if somebody had just got a ba' for their birthday. You had to sook up to whoever's new ba' it wis so they would allow it to be used. Between the broken glass, the squashing impact of passing motors, and a big alsatian dug that roamed about in John Knox St, the average lifetime of a new ba' was 2 days if you were lucky. With the slightly better quality Fridos you could sometimes seal a burst using a hot knife blade, and reinflate it with your adaptor and bicycle pump. On the wee park you learned to play fitba'. Chookie Miller was maybe top scorer over the piece. Jim McGorm boasted 90% of the possession, as he dribbled constantly round in circles deterring any tackles with his flying elbows. Coxie ("flier") was star of the left wing. Chookie Sherwood was solid in defence. I can still smell the rotting fruit from the adjacent warehouse. When you got a new pair of shoes the toes were out of them within 3 days and yir Maw went mental.

Another wee memory from about 1963. There was a row of houses that ran along the north side of Glasgow Rd to the east of Napier Street (Brick Lawn, or Loan). They weren't the usual tenements. I think the ground floor apartments had doors on to the main street, and the top floor houses were accessed by outside stairs at the back. At this time the buildings were abandoned and derelict, awaiting site clearance. Enter the unofficial demolition squad, a bunch of wee boys aged 10 - 12. For some reason there was a really tall chimney stack round the back, 15 maybe 20 feet high. They climbed up and looped a thick rope around it near the top. Then with an effort that would make Fred Dibnah grin, they heaved at the rope. Then it's wee boys scattering for their lives as a ton weight of bricks collapsed and flew bouncing off the ground. I can't mind for sure who all were there. Wimpsy I think, Jim McGorm, Coxie, maybe Jim Liddell and Ian Boyle, and me. Can you mind it, Wimpsy? However, ma wee brother recalls that no rope was involved, merely the application of various podgers and crowbars to the base of the chimney stack. So how true are any of these memories?

PARALLEL LINES

A cobbled road,
Tramlines snakin'
East and West
By the junction
Of South Douglas St
And Glasgow Rd.
Opposite was a wee
Sweetie shop,
At the end of
A row of houses where,
In 1961, a lightning bolt
Lit up the sky,
By divine intervention
Missing Our Holy Redeemers
And shattering,
Setting ablaze,
The roofs of those
Glasgow Rd
Houses with shared
Back gardens
Where the Evanses
Kept hens,
An unusual circumstance
In Clydebank back then.

But to go on,
In South Douglas St
On hot summer days
Dust filled the air.
We played wi'
Plastic cowboys
And Indians
On the pavement
As the number 11
Corporation bus
Swept round the corner,
Or ran aboot daft
In the back court,
Climbin' up ontae dykes
An' wash-hoose roofs,
Dreepin' doon intae
The pend, where
The bookies tannoy blared.
Such memories o'
Manky hauns, skint knees,
Or a quick shite
In the shared lavatory,
Wipin' yir erse
Wi' the Sunday Post
While ye read the Broons
An' Oor Wullie.

1961

Walk doon Cart Street,
Doon by the docks
An' up the river
Tae the Renfrew Ferry.
Pay yir halfpenny,
Go through the turnstile.
Doon the slipway.
It's well named,
Watch yir feet.
Ontae the ramp.
The cloying oily
Smell of the Clyde.
Up the steep steps
Tae the tap deck
Fur the view,
Mibbe a tug goin' past.
The ferry skipper
Throws a lever.
Chug-a-chug-a-chug.
Chug chug, chug chug
Chug-a-Chug.
Suddenly
We're in Renfrew.
Doon the steps,
Watch oot fur the motors.
Up the slip,
The Ferry Inn,

An' Stirling Robertson's
Wee shop where
The bus crews gathered
Fur a quick mug o' tea
An' a fly bite.
Buses o' various livery:
Patons – blue
Cunninghams – green.
Western – red.
Then Izzis:
Ice cream
Or hot peas
An' vinegar?
Intae Renfrew.
It wis a bonny
Wee toon back then.
Less so noo:
The Sheepie Park's gone
An' we're left wi'
That Braeheid monstrosity.

BONFIRE

At the tap end,
O' North Elgin St,
As October waned,
We wid build a fire,
A bonfire o' grand design.
Nae loose bit o' fence
Nor garden gate was safe
From us. It was vandalism,
But for a good cause.
Oor street's bonfire.
On oor wee grassy square
The pile grew, and grew.
Inflammable materials
Piled twelve feet high
Awaited conflagration.
Then November the fourth
1964, auld Geordie T
Meanderin' hame fae
The Bisley struck a match,
An' oor fire blazed early.

Wan day we hud tae resurrect it,
Raidin' wid fae Braes Avenue
And a' aboot. A sofa
Fae a man in East Barns St.
Somehow we got it done.

Tinfoiled Totties
Sizzling in the blaze,
An inferno such as
Made the nearby windaes
Roastin' hot tae touch.

Oh present day residents
At the tap end
O' North Elgin St.
Imagine tryin' tae dae that
Noo'adays on yir wee grass square.

AUCHENSHUGGLE

Cobblestones sae slippery
Tae make ye take
A flier aff yir bike
Reflected sodium light.

An' the tram lines
Ran gleamin' eastward
A' the wey
Tae Auchenshuggle.

A time long gone,
So much so that
I struggle to believe
I inhabited it.

But there's a tram-squashed
1958 penny somewhere.
That and memories
O' back courts,

Where we dreeped aff dykes,
And mammies shoutin'
Oh my God
When their weans

Ran oot intae
South Douglas St
Afore a Corporation bus
An' nearly got killed.

Needless tae say,
We got skelped aboot
Oor arses and oor lugs
Fur that.

MORE PROSE: PAT KENNEDY'S ETC

I will try to describe the shops that were on the south side of the main road between Cunard St and S Douglas St. Some of this may be wrong/inaccurate, as I am thinking back at least 60 years. Going east from Cunard St: maybe I am wrong in locating Gerry McGuinness's grocer's shop here. It could have been further west and subsequently I think the business moved up to Barns St near Whitecrook Park. One time a rumour went round that Gerry was giving away free hot samples of cocktail sausages, and weans began to mob the place. I have a memory of a wee 2nd hand book/magazine shop. I think he sold Marvel comics etc, and whatever else. Then a chemist's where I got sent to have a wee bottle filled with methylated spirits. This powered a wee stove for boiling the kettle at Balloch park. Nearby was Tausney's toyshop - they also sold fishing tackle. Approaching Xmas they would put a train set in the window, and if you put a penny in the slot outside it would do a few circuits of the track. Between there and Union St was a chippie that used coal to heat the friers. You could get a wee bag of chips for 3d - best chips I ever tasted. Maybe between Union St and S Douglas St there was a newsagent, Smiths possibly, where we bought the Beezer, Beano, Dandy etc. Then a Co-op grocer/dairy. Near the corner was Pat Kennedy's. He sold fags, firelighters, bunches of sticks. Is it a false memory that there was a payphone booth inside his shop? He had a sign for Players cigarettes hanging outside. Round the corner in SOuth Douglas St was the Iona Vaults, next to our close, number 4.

A CHILDHOOD RECALLED

Manky hauns,
Skint knees,
Dreepin' aff wa's,
An' climbin' trees.

Beltin' through closes,
Shoutin' an' bawlin',
Madcap adventures
Frae Whitecrook tae Bowlin'.

Those were the days
An' the ways
O' wir childhood
In auld Clydebank toon.

A bustlin' main street,
Shoaps a' up an' doon,
Spendin' thir wages
 Fae Singers and Broons.

An' whaur tae take a piss?
Da' tellt us: Dae yir streamie
Doon that stank, son,
But mind that corporation bus.

Advice fur shitin' wis,
Hunker in ahint a tree,
An' wipe yir erse
Wi' a docken leaf, fur free

Peaceful rambles doon
The Rothesay docks,
Pickin' brambles,
Purple wi' juice on wir chops.

Until the launch day
An' they blitzed wir good briars,
Destroying our pleasures,
For unseeing royal eyes.

Crossin' the Clyde
Oan the Renfrew Ferry,
Hot peas an' vinegar
In the auld Izzi's cafe.

Or more exotically,
The Erskine ferry,
Wi' biled egg pieces
An' alfresco tea.

An' the sharp reek
O' cowshit a' aboot.
The sharp reek
O' cowshit a' aboot.

THE BURN

Thir wus fishin' expeditions
When we stravaiged
Oot o' Whitecrook
Tae the lesser known
Environs o' Renfrewshire.
It wis cos ah'd
Fun' wan day
(When ah'd cycled tae
Houston tae see
Ma Auntie Anne
An' Uncle John)
A wee bridge ower
The Houston burn,
Whaur wee troot
Swam aroon'. Humfin'
Canvas haversacks
Filled wi' cheese pieces,
Clutchin' oor fishin' rods,
We went by SMT
Tae Old Kilpatrick,
An' across the chuggin' ferry
Tae the country roads,
Whaur the reek o'
Cowshit wis sharp
In wir nostrils.

We wid trudge
The lang six miles
Up by Inchinnan
Then through Georgetown
Among the rhubarb fields,
Though wance or twice
A man on the ferry
Wi' a shooting brake
Offered us a run
And we jumped in.
We knew no' tae
Go wi' strangers,
But we wir team-handed,
Aboot five or six o' us.
Back then, at North Mains,
The Houston burn ran strang,
The Houston burn ran clear.
Gaun past the other day
Ah hud a gander at it.
The burn looked awfy sad,
Stagnant, murky,
No' a troot tae be seen.
But then, up in the village,
As we oscillated between
The Fox and Hounds
An' the Houston Inn,
Keekin' ower the auld bridge,
Thir's wee troot glidin'
In the pool below.

The burn up therr
In Houston village
Even yet runs clear.
A wee while later,
Passin' by again,
Tae reacquaint wirsels
Wi' the Fox and Hounds,
Up comes a grey heron.
An' when ah went back
Tae fetch the motor
The next day, there's
A dipper an' a grey wagtail
Doon below the bridge.
Somebody must be daein'
Somethin' tae bugger up
The burn atween
The village and further doon.
Gaun back tae 1965
Or therraboots,
Thir wis wan day
O' pissin' rain
We ventured oot.
Bobby's big brother,
Jimmy, got us a lain o'
Big black oilskins,
On which we fashioned
Guttering turned up
On the bottom hem,
In the vain hope
It wid keep the wattir
Aff wir troosers.

POCKET MONEY

Oor Dad handed oot
Wir pocket money
On a Saturday mornin',
Hard earned cash
Fae his employment
As a progress clerk
In Singers. He hud tae
Chase up a' the parts,
The nuts and bolts
Etcetera
Fae wan part o'
The production line
Tae anither.
(He used tae talk aboot
Huvin' a cigar
Tae gi'e tae Murphy,
The foreman o' the division
That manufactured five-eighth
O' an inch bolts
Tae keep the bugger sweet).
Onywey, wir pocket money
Wis handed oot
Accordin' tae age.

As ah recall
Ah got two bob
An' ma wee brother
Got wan an' ninepence.
Onywey, wan Friday me an' George
Decided tae petition Dad
Fur a raise, which he
Very much appreciated
Bein' a shop steward.
And so we graduated
Tae hauf a croon,
An' two an' threepence.

THE FUSHIN'

It started wi' a cane,
A bit o' string,
Some fishin' gut,
A cork float, a hook,
An' nickin' the ender
Aff yir Maw's plain loaf.
Addin' wattir tae fashion
Lumps o' dough
That didnae exactly
Huv a pleasant smell,
Kinda yeasty.
Then up tae the nollie
Tae try oot
Wir rudimentary
Tackle. Wee fish we caught,
Wee silvery roach,
Or wur they dace?
It disnae matter.
No lang till we discovered
The Kilpatrick hills,
Greenside, Humphrey,
The Lily Loch,
Kilmannan (the Baker)
And the Burncrooks,
The bonny speckled troot.

We haunted them hills,
Occupyin' the water-sluiced
Hut ablow the Humphrey dam
Fur all-nighter escapades.
The rushing water induced
Aural hallucinations
As eerie voices whispered
And murmured and sang.
Then when we caroused in
The Burncrooks nissen hut
And discovered drink.
It wis the best time,
A great time, the fishin'
The drinkin' an' a' that.
We nearly destroyed wirsels
Wi' tins o' Carlsberg Special.
Hoots, toots!
We wass chust daft boays,
Dougie. But see yirsel'
Staunin' on the Burncrooks dam,
Gazin' at the view o' Loch Lomond,
Wi' a' the wee islands
Strung across like pearls.

WATTIR

Where the rain
Comes doon
Up aroon' Duncolm
Amang the Saughen Braes,
Seepin' intae the moss
An' then decidin'
Which wey tae flow.

Oh shall I go
By Gallangad,
Or Auchingree,
Or trickle doon
Tae the Fyn Loch
And intae Loch Humpharee?

Or mibbe go
By Burn o' Crooks
Doon past the Pulpit
Whaur a' them bloody fools
Obsessed by cinematic
Scenes o' blood an' guts
Go stumblin' doon
Intae the chasm
Then huv tae call fur help
Tae get back up.

(Double yella lines
Snakin'
A' alang the roads,
Double yella lines
Destroyin' the scenery
By Goad!)
Thir's also a wey
Gaun sooth aff Duncolm,
Straight intae the Greenside
Tae meet ma chums
That went by Fyn.

Whether by wey
O' the Endrick,
The Allander,
The Duntocher Burn
The Kelvin,
Doon the Leven
Past the Renton,
It disnae really matter
Whit wey we decide.
Every single wan o' us
Wee bits o' wattir
That went wir
Separate weys
Wis destined fur the Clyde.

AIPILS

A wee memory
O' the time we raided
An aipil tree
In a back gairden
Just east o'
Yokermill Rd.
We sneaked alang
The railway bankin'
Thir wis a wee castle
Thing that wis tae dae
Wi' sewage or somethin'
(Ah think it might be
Still therr).
Thir wis a burn,
No' sure if it wis
The Yoker Burn
Or the Garscadden burn
That jines the Yoker Burn
Roonaboot therr.
Onywey, we clambered
Across a fallen tree
That wis straddlin'
The flood-swollen burn,
An' started grabbin'
Haunfu's o' aipils
An shovin' them
In wir jouks.

Jeezis! The back door
O' the hoose
Wis flung open
An' a big huge boay
Came fleein' oot
Shoutin' the odds.
We scrambled like
Buggery back across
The fallen tree.
An aipil wis chucked
An' the big huge boay,
Hauf wey across
The fallen tree,
Took it smack
Right on his heid
An' went splash in the burn.
We a' ran like hell,
Tryin' no' tae laugh
Because it wid
Slow us doon.
We fun' a hidin' place
In the big lang grass,
Thinkin' we wur safe.
A blue train went racin' past
A' lighted up,
Passengers readin' papers,
Smokin' fags etc.

But then a wummin
Wi' a wee dug came alang
The tap o' the embankment.
Ah don't know how she knew
We wur therr,
But she announced
In a loud voice:
You boys better
Get out of here before
He changes his clothes
And comes after you:
He'll kill you.
We scattered
At full tilt
Across the auld
Fitba' pitches
Back tae Whitecrook,
And safety.

FAGS

As a wee boay,
Wance ah'd learned
Tae read,
Then ah seen
The enamelled
Advertisin' signs:
Players Please,
Capstan Full Strength
An' a' that.
On the telly,
Consulate' as cool
As a fucken mountain stream.
Dad smoked:
Fur his birthday
Me and ma bru'ers
Chipped in fur an
Aluminium cigarette case,
Bought fae that wee shoap
Just alang fae
The Herald office
In Glesca Road.

Ah can understaun'
The allure o' tobacco,
As ah recall the intriguin'
Smell when that case
Wis opened.
He acquired
A roll-your-own device,
Would send us oot
Tae the shop
Tae get him an ounce
O' Golden Virginia,
A packet o' green Rizla,
And some filter tips.
He taught us how
Tae use the wee machine
So that we could roll him fags
While we watched
This is Your Life,
Double Your Money,
Bootsie and Snudge
Or Take Your Pick.
Masel'? Ah've never really smoked.

RAILWAYS OF CLYDEBANK

Ye want steampunk,
Dae ye?
Let's journey back
Tae Clydebank East
Just aff Whitecrook Street.
Men in black uniforms
Wi' silver buttons
Felt important,
Wavin' green flags,
Blawin' stridently
On their silver whistles.
Great locomotives,
Resplendent in steel
And brass sent
Steam whooshing
From cylinders,
And pistons
Chuffed back and fore
In their casings,
Wattir spurting
Oot the seams.
Chuff, chuff
The great black
Locomotives went.

Chuff, chuff, chuff
They went, dragging
Red carriages
West intae,
Or east oot o'
The station.
Armies of men
Headed fur Broons
In oil-stained khaki
Raincoats carryin'
Their pieces in canvas
Haversacks, wee oval
Tins split intae two,
Wan side fur sugar,
The ither fur loose tea.
Later on
Mibbe a quick pint
An' a wee goldie
In Connelly's
On thir wey hame
Efter their shift,
Afore they
Caught thir train
Back hame, back east.

TIME, GENTLEMEN PLEASE

Is it possible that
We are all still there,
In 1964,
Running daft
In Elgin St
Playground?
For after all
We're told that
Time is fluid,
Relative to whomsoever
Is measuring
The ticking demon
That never lets up.
Ach, I'm not sure
Myself, I must confess.
History is, was,
Or will be the judge.

GAUN FISHIN'

Waitin', waitin'
A lang, lang time
For an SMT bus
Headin' west
At the bottom
Of Elgin St.
Clutchin' yir fishin' rod,
Yir canvas haversack
Filled wi' cheese pieces
In waxed paper
On yir back.
Finally, finally,
Here it comes.
Ye sneak
Inconspicuously
Up the stairs.
Mibbe she's an angel,
The conductress.
Mibbe ye'll skip
Yir fare.
(Sometimes we did).
Aff at Bowlin',
Sweeties, chocolate,
Bottles o' ginger
Fae the wee shoap,
A widden shack.

Then up the steps
On the steep bankin'
An' nip across
The Boulevard.
Through a big gate,
A kinda posh hoose
We sneaked aroon'
The back o'.
(I refuse to rhyme this
With tobacco).
Up a wee burn,
The path led up
Through the wild,
Abandoned forest,
Great boulders
The size of elephants
Strewn here and there.
(I canny mind how
We ever first fun'
Wir way up through
That wildness).
Then the wee path
Snakin' up the cliffs
Until ye hit
The grassy tap
An' fun' yirsel
Upon the hill road
Tae Loch Humphrey.

THE SNAPPED HAWSER

Campbell and McBride
The ferry gaffers
Stood upon the glistening
Wet cobbles just outside
The Clyde Navigation Trust
Grey-painted gates
Above the Yoker
Slipway, supervising
The use of a powerful winch
That was straining
On a thick steel hawser
Engaged to pull one
Of the heavy ferry chains
Up out of the river
For inspection and possible
Replacement. By Christ!
The hawser gave up the ghost
And snapped!
One ragged deadly end
Flew, snaking, very fast
No more than a foot away
From the kneecaps
Of Campbell and McBride.

I watched this spectacle myself
From a safer distance
Up Yoker Ferry Rd
And I tell you,
Those two men
Were lucky that day.

MEMOIR OF RENFREW

We dawdled
Up tae Yoker,
Mibbe intae the Kelso cafe
Fur minestrone soup.
Doon by the ferry
Slipway the oily smell
Wis strong.
On the Renfra side
Every'hin' kinda chinged.
A different wee world.
We turned right
Up by Meadowside
Towards the Blysie's
Rhododendron tunnels.
Auld Blythswood himsel'
Wis by then long gone
But the echoes
O' his stranglehold on the land
Hud somehow lingered on.

SOUTH DOUGLAS ST

Drippin' wi' ile,
Faither's black bicycle
Hings fae the pulley
In the narrow lobby.
Duck past the pedal
Tae get tae the lavvy
In the back close.
Wipe yir erse
Wi' the Daily Express.
Saunter oot intae
South Douglas Street
Tae be confronted
By red sandstone
Edifices o'
Episcopalianism
Which, in common wi'
Onythin' at a' religious,
Ye canny fathom
Even at that age.
Turn left tae meet
The beery smell
O' the Iona Vaults.
Roon' the corner
Tae Pat Kennedy's
Shoap. Bundles of sticks,
Firelighters, fags an' sweeties.
View passing trams.
The damp cobblestones
Glisten. Chew yir penny
Caramel then go
Hame fur tea.

LOCHINDORB

My friends, I need to tell you
This story of the lands
And policies at Lochindorb,
And on the Dava moor
Where Maurice Walsh
Once strode.
With my brother
I went walking there
Across the heathered hills.
Past the lochan
Where the ancient pines
Lie drowned below
The water.
At Easter Rynechkra
We encounters a man,
(From Knightswood!)
All of 96 years old.
He tells us.
He minds the white dots
Of the winter hares
Gathered on the hillsides
All about.
But now the ruthless
Moneyed moguls
With winter-bound hearts
Rule these lands.
Shocking to the eye
Are their ugly bulldozed tracks
Across the hills.

Poisoned or shot
Are the hares,
The buzzards, the harriers
And any other creature
That may disturb
The grouse. Oh, you bad rascals
At the big lodge,
Where are your morals?
Do you deny my charge?
I will meet you in single combat
On the shores of Lochindorb.

THE GAIRDEN

Oor Dad,
O' Hielan' ancestry,
Wis a wizard
At growin' stuff
On any bit o' grun'
He could dig
Wi' a spade.
Firstly, when he
Got wan o' the plots
Adjacent and tae the
West o' North Douglas St:
He made himsel'
Mair knowledgeable
O' the rudiments
Wi' a subscription
Tae a monthly
Gardenin' magazine.

He sourced cowshit
Fae somewhere
Aroon' industrial Clydebank
Tae feed the grun'.
Cabbages an' beetroot,
Onions and lettuces
Enriched wir diet.
Kerrs pinks
Were his totties
Of choice.
He deplored what
He called "railway weed".

When we moved
Tae the tap end
O' North Elgin St
Fae S Douglas St
We hud a gairden,
Baith front an' back.
Dad stood gapin':
A bloody great
Rhododendron Bush
Blocked oot the light
Tae the front windae.
This he removed
Forthwith, planted totties
Oot the front,
"To break up the ground,"
He said. Oot the back
He planted everythin'
We wid need. Comin'
Hame fae school
Ah wis aye starvin',
But a slice o' plain breid,
Buttered wi' his lettuce
(Little Gem)
An' dosed wi' salt
Sustained me
So's ah could run
Ootside tae play
Commandoes wi' ma pals
Before ma tea.

He made trips
On his motor bike
Tae the piggery
Up in Duntocher,
An' ferried big
Fertiliser bags
Full o' pigshit
Back doon the hill
Tae Whitecrook
In his sidecar
Of red and yellow
Livery.

BIG FROG

Looked ower by the
Glowerin' windaes
O' the garrisoned hooses
On the hill above,
We sprackled alang
The wee burn
By the Faifley knowes.
It wis a playground,
Wi' two big elephantine
Rocky outcrops
Tae climb up ontae.
Amang the reedy bog
We discovered it,
The mighty, the almighty,
The stupendous, the magnificent
Big Frog. He wis
Transported triumphantly
Back doon tae Whitecrook,
And pit in a cardboard box
Wi' leafy stuff
Tae keep him gaun.
But ma wee brother
Perceivin' this cruelty rank,
An' thinkin' o'
A means o' succour,
He dropped Big Frog
Right doon a stank.
Oh fuck!
A means of rescue
Wis devised,
We hud a stab
Wi' dangled
Loops o' string
Big Frog could grab.
It didnae work.

BAD CESS TRIANGLE

Strange how events
Are juxtaposed
In space and time.
In a fifty yard radius
If you measure it from
The junction of
North Elgin Street
And Barns Street,
Three misfortunes
Befell me. The first,
I think, was when
I darted across
North Elgin Street
From east to west,
Just down from
Dawson & Downies.
Next thing I know
I'm airborne,
Banjoed by a motor.
As I landed
My first thought
Was to flee. So I got up
And ran away. Then,
On another occasion,
As I tightrope walked
Along one of those
Tubular steel pedestrian
Barriers at the junction.
My foot slipped,
And I plummeted,
And straddled it
Aya! Aya! Aya!

The maist stupid wan
Wis jumpin' aff the
Rear platform
Of an SMT bus,
Which we all know
Is fine if you
Can take a run
On landing.
But I was facing
Backwards and took
A severe dunt
Tae the back
O' ma heid.

THE HUMPHREY HUT

Doon ablow the dam
Wance stood
The Humphrey hut,
Rushin' wattir
Pourin' through
The sluices
Within its wa's.

On all-nighter
Fishin' expeditions
An ideal shelter,
But iron palings
Surrounded it,
An' the gate
Wis locked.

Then wan night
There's an auld fella
An' his boay
Occupyin' the hut,
A big pot o' totties
O the bile.
The auld yin showed us
How ye could podger
Oot the gatepost
Until the bolt
O' the lock worked free.

Thereafter then,
That wis oor retreat
In the the early hours
When we tired o' castin'
Ontae black wattir
In the black o' night.

Thir wis a fireplace,
And big chunks
O' tarry wid,
Sleepers we foraged frae
An auld railway track
They'd used tae
Trolley masonry
Fur an extension
O' the dam.

A roarin' blaze that lasted
Mibbe hauf an 'oor,
An' then ye tried tae sleep
On the cauld concrete
Flair. The wattir
Rushed and gushed
Through therr,
An' ye're hauf asleep,
Hauf awake, an' then
The voices an' the singin'
Starts, aural hallucinations
Induced by a' that
Gurglin' an' trucklin'.
Eerie disembodied voices
Whisper stories
In a language
That hovers just ootside
Yir understaunin'.

Come the mornin', reekin'
Like smoked haddies,
We wid re-podger
Shut the gate,
An' continue wi' the fishin',
Until the Bearsden Angling Club
Members arrived in thir motors
And chased us tae hell.

But ah nearly forgot
Tae say. Wan late
Efternin' we're a'
Enthusiastic aboot the fire.
Who's got the matches?
No' me, no' me, no me.
Consternation!
But ma wee brother George
Was a rival tae any Olympian
As he legged it
Doon the cliffs tae Bowlin'
An' returned wi' the bonny
Scottish Bluebells.

TIME AND MOTION

Doon tae John Broon's
Shipyaird cam'
The time and motion
Man, prancin' wi'
A stopwatch
An a notebook
In his haun.
"Ah need a shite,"
Says Murphy,
And he scuttles
Tae the bogs.
Every movement,
Every fart,
The bureaucrat he logs.
A newspaper rustles,
And stopwatch poised:
"You're reading that in there,
I guess!"
"Ah've hud a motion," says Murphy,
"Gie's time tae wipe ma erse."

BINGO, CASTLE, GAS

So whaur the hell

Wis Renfrew Castle,

Mibbe next tae

The auld gasworks

Whaur the reek

O' gas lingered

Lang efter the big

Rusty gasometers

Wis lang years gone?

Them yins at the bingo

In the Regal,

They've nae thought

Towards ony gasworks,

Nor yet auld castles,

By Christ, only focused

On wee rows o' numbers

An' a desire tae hoof

It oot fast at close

O' the proceedings tae

Get first in the queue

Fur the Coffee Bean.

By the same author, 2 novels:

DONALD MCDONALD

antichaos
Glasgow polis go demented

Just google: 9781502770981

Just google: 9781502805485

(Author contact: donaldmcdonald53@gmail.com)

Printed in Great Britain
by Amazon